Inhalt

Reform des deutschen Gesundheitssystems

Kernthesen

Beitrag

Fallbeispiele

Weiterführende Literatur

Impressum

GENIOS WirtschaftsWissen Nr. 07/2003 vom 08.07.2003

Reform des deutschen Gesundheitssystems

F.Muretta

Kernthesen

- Der medizinisch-technische Fortschritt und die demographische Entwicklung sind die bedeutendsten Herausforderungen, denen sich das deutsche Gesundheitssystem zu stellen hat. (1), (2)
- Akute Probleme mit der Finanzierung des deutschen Gesundheitswesens, die sich in einem starken Anstieg der Beitragssätze manifestierten, und die Frage nach der zukünftigen Finanzierbarkeit lassen den Reformdruck in der gesetzlichen Krankenversicherung (GKV) seit einiger Zeit stetig wachsen. (2), (5)
- Eine zentrale Frage in der Reformdiskussion

ist die Neuordnung der gesetzlichen Krankenversicherung als Bürgerversicherung oder als System mit Pauschalbeiträgen. (1), (2)

Beitrag

Das System der gesetzlichen Krankenversicherung in Deutschland hat schon seit Jahrzehnten Finanzierungsprobleme. (8)

Mit dem Gesundheitsstrukturgesetz (GSG) von 1992 wurde ein erster Schritt in Richtung Modernisierung unternommen, der mit einer klassischen ökonomischen Argumentationsweise begründet wurde. Die Freisetzung marktwirtschaftlicher Kräfte innerhalb des Gesundheitssystems sollte für eine bessere Versorgung und die Entschärfung der Finanzierungsproblematik sorgen. Infolgedessen wurde das Kassenwahlrecht am 1. Januar 1996 wesentlich ausgeweitet und die Führung der Krankenkassen teilweise radikal umstrukturiert. (8)

Seit Inkrafttreten dieser Maßnahmen hat sich an der unbefriedigenden Gesamtsituation, der sich das Gesundheitswesen gegenüber sieht, nur wenig verbessert. (8)

Es herrscht mittlerweile weitgehend Einigkeit darüber, dass einfache Maßnahmen und kleine Modifikationen des gegenwärtigen Systems nicht ausreichen, um die Probleme des deutschen Gesundheitswesens zu lösen und es zukunftsfähig zu machen, sondern dass nur eine tiefgreifende Reform dazu in der Lage ist.

Die gesetzliche Krankenversicherung sollte als Folge einer solchen Reform jedoch nicht ihren solidarischen Charakter verlieren. Eine einkommensunabhängige medizinische Grundversorgung muss für die gesamte Bevölkerung gesichert sein. (2)

Hauptprobleme des deutschen Gesundheitswesens

Belastung des Arbeitsmarktes

Die aus medizinisch-technischem Fortschritt und demographischer Entwicklung resultierende Ausgabendynamik stellt das Gesundheitssystem vor das Problem stark wachsender Beitragssätze. Die hohen Krankenkassenbeiträge sind eine große Belastung für den Arbeitsmarkt und mitverantwortlich für die hohe Arbeitslosigkeit in Deutschland, da deren ausschließliche Finanzierung durch Lohneinkommen wie eine Besteuerung des Faktors Arbeit wirkt. Das im Krankenversicherungsgesetz von 1883 wurzelnde Grundprinzip der lohnabhängigen Finanzierung erweist sich als nicht mehr zeitgemäß. Darüber hinaus widerspricht es dem Solidaritätsgrundsatz. (2), (3)

Abwanderung in die private Krankenversicherung

Ein weiteres Problem der gesetzlichen Krankenversicherung ist die für Personen mit einem über der Versicherungspflichtgrenze angesiedelten Einkommen offen stehende Option, sich privat zu versichern. Diese führt zwangsläufig zu einer Abwanderung gesunder und finanziell leistungsfähiger Mitglieder aus der gesetzlichen in die private Krankenversicherung und somit zu einer Entkräftung des Solidarsystems. (2)

Medizinischer Fortschritt und

Alterung der Gesellschaft

Aufgrund des nicht zu stoppenden medizinisch-technischen Fortschritts und der zukünftigen Altersstruktur der Gesellschaft muss eine stabile, langfristige Finanzierung sichergestellt werden. Ansonsten wird es aufgrund der Tragweite der Alterungsproblematik beispielsweise nicht mehr möglich sein, jedem Bürger neue Behandlungsmethoden zuzusichern. Außerdem ist ein Generationenkonflikt vorprogrammiert, da eine sinkende Anzahl junger Personen eine wachsende Anzahl älterer Personen finanzieren soll. (2), (4)

Weitere Probleme

Daneben ist das gegenwärtige Gesundheitswesen gekennzeichnet durch einen Mangel an Wettbewerb, eine Reihe von Fehlanreizen, Organisationsmängel und ungerechte Verteilungswirkungen. (1)

Reformvorschläge

Die von der Bundesregierung einberufene

Kommission für die Nachhaltigkeit in der Finanzierung der Sozialen Sicherungssysteme wurde damit beauftragt, passende Lösungsvorschläge zu erarbeiten.

Eine zentrale und bis heute auch kommissionsintern nicht geklärte Frage in der Reformdiskussion ist die Neuordnung der gesetzlichen Krankenversicherung in Form einer Bürgerversicherung oder als System mit Pauschalbeiträgen. (1), (2)

Bürgerversicherung

Hinter dem Schlagwort Bürgerversicherung verbirgt sich das von Kommissionsmitglied Karl Lauterbach vertretene Finanzierungssystem, welches eine Ausweitung des Kreises der Beitragspflichtigen anstrebt. Neben Arbeitnehmern und Angestellten müssten auch Rentner, Beamte, Selbstständige, etc. Krankenkassenbeiträge erbringen. Wurde bisher ausschließlich das Arbeitseinkommen in die Finanzierung miteinbezogen, sollen diesem Reformvorschlag zufolge auch andere Einkommensarten wie Mieten, Zinsen, etc. berücksichtigt werden. Darüber hinaus würden Pflichtversicherungs- und Beitragsbemessungsgrenze aufgehoben. (1)

Erwartete Wirkungen

Das System der Bürgerversicherung steht demnach hauptsächlich für mehr Solidarität und größere Beitragsgerechtigkeit. Dies wird durch die vorgeschlagene gravierende Neustrukturierung der Beziehung zwischen gesetzlicher und privater Krankenversicherung weiter bestärkt. Die private Krankenversicherung würde ihren derzeitigen Status als Vollversicherer verlieren. Um weiter zu bestehen, müsste sie sich gemäß der Richtlinien der Bürgerversicherung in den Verbund der gesetzlichen Krankenkassen eingliedern oder sich auf den Verkauf von Zusatzversicherungen spezialisieren. (2)

Hinsichtlich der Arbeitsmarktproblematik verspricht eine Bürgerversicherung lediglich eine kurzfristige Entlastung - langfristig gesehen bleibt die steuerähnliche Wirkung auf den Faktor Arbeit weiterhin bestehen. (1)

Die Problembereiche Organisationsmängel und Fehlanreize würden von der Einführung einer Bürgerversicherung nicht berührt werden. In Bezug auf den Generationenkonflikt könnte von einer Verschärfung der Situation ausgegangen werden. (1)

Pauschalbeiträge

Der Vorsitzende der Kommission, Bert Rürup, gehört zu den Vertretern des Systems mit Pauschalbeiträgen, welches durch die Forderung nach einer Entkoppelung der Finanzierung von den Löhnen gekennzeichnet ist. Die bisherigen lohnabhängigen Krankenversicherungsbeiträge sollen durch unabhängig vom Einkommen festgelegte Kopfpauschalen ersetzt werden. Der Arbeitgeberanteil am Krankenversicherungsbeitrag wird abgeschafft und soll dem Arbeitnehmer zugute kommen. (1)

Erwartete Wirkungen

Die Verfechter des Modells mit Kopfprämien erwarten von ihrem Reformvorschlag insbesondere positive Wirkungen auf Arbeitsmarkt und Beschäftigung. Die vollständige Auflösung der Verbindung zum Arbeitsmarkt stellt sicher, dass Kostensteigerungen im Gesundheitswesen zukünftig von den Versicherten selbst zu tragen sind und nicht mehr wie eine Erhöhung der Besteuerung des Faktors Arbeit wirken. Somit wird der Arbeitsmarkt mittel- bis langfristig entlastet und die Senkung der Arbeitslosigkeit unterstützt. (1), (7)

Da die Einführung eines Kopfprämien-Modells das gegenwärtige Verhältnis von gesetzlicher zu privater Krankenversicherung nicht tangiert, würde sich folglich auch keine Auswirkung auf die Abwanderungsproblematik ergeben. (2)

In Bezug auf den mangelnden Wettbewerb im Gesundheitswesen scheint das System mit Pauschalbeiträgen durchaus imstande zu sein, positive Impulse hervorzubringen, da durch eine unterschiedliche Höhe der Pauschalbeiträge die unterschiedliche Leistungseffizienz der Anbieter zum Ausdruck kommen kann. (1)

Fazit

Die Bürgerversicherung betont den solidarischen Aspekt, das System mit Kopfpauschalen ist stärker effizienzorientiert.

Problematisch im Konzept einer Bürgerversicherung ist einerseits die Abschaffung der privaten Krankenversicherung in der heutigen Form und andererseits der nicht zu unterschätzende

Verwaltungsaufwand, der bei der Umstellung auf alle Einkommensarten und durch die Koordination mit den Finanzämtern verursacht werden würde. (1)

Demgegenüber kann einem System mit Kopfprämien entgegengehalten werden, dass es sozial ungerecht sei, da Pauschalbeiträge höhere Einkommen weniger belasten als niedrige Einkommen. (1)

Beide Vorschläge in ihrer Reinform sind dazu geeignet, bestimmte Teilprobleme des deutschen Gesundheitswesens zu lösen. Eine langfristig gesicherte Finanzierung können sie allerdings nicht bieten. Dies liegt vor allem daran, dass keiner der Entwürfe die zukünftigen Auswirkungen des medizinischen Fortschritts und der Alterung der Gesellschaft in erforderlichem Maße berücksichtigt. Sie stellen lediglich Maßnahmen zur Linderung der gegenwärtigen Situation dar. (2)

Fallbeispiele

Weiterführende Literatur

(1) Reform des deutschen Gesundheitswesens: Bürgerversicherung oder Pauschalbeiträge?
aus ifo Schnelldienst, Heft 10/2003, S. 11-14

(2) Die Vorschläge der Kommission zur Finanzierung der Gesetzlichen Krankenkassen: Bürgerversicherung oder Kopfprämien?
aus ifo Schnelldienst, Heft 10/2003, S. 3-10

(3) Wenig neue Rezepte für das Gesundheitssystem RÜRUP-KOMMISSION / Das mit hehren Zielen angetretene Gremium legte seine Vorschläge zur Krankenversicherung vor. Sie enthalten nur wenig Neues. Der CDU-Sozialexperte Storm fordert die Auflösung der Kommission.
aus Börse Online vom 16.04.2003, Seite 48

(4) Ist die GKV noch zu retten? Welche Lektionen aus der Aktienkrise?
aus Versicherungswirtschaft, 1.5.2003, 58.Jg., Nr. 09, S. 678

(5) Gesundheitsreform - Warten auf Seehofer
aus Arzt & Wirtschaft, Heft 5/2003, S. 75

(6) "Private Krankenversicherung macht das Sozialsystem auf Dauer sicherer"
aus Frankfurter Allgemeine Zeitung, 24.06.2003, Nr. 143, S. 11

(7) Ohne Kopfpauschalen kein Wettbewerb
aus Frankfurter Allgemeine Zeitung, 12.06.2003, Nr.

134, S. 14

(8) Gesetzliche Krankenversicherung: Die Kassen der gesetzlichen Krankenversicherung im Spannungsfeld zwischen Kommerz und Sozialpolitik
aus Sozialer Fortschritt, Heft 4/2003, S. 108 - 112

Impressum

Reform des deutschen Gesundheitssystems

Bibliografische Information der deutschen Nationalbibliothek

Die Deutsche Nationalbibliothek verzeichnet diese Publikation in der deutschen Nationalbibliografie; detaillierte bibliografische Daten sind im Internet über http://dnb.d-nb.de abrufbar.

ISBN: 978-3-7379-1583-0

© 2015 GBI-Genios Deutsche Wirtschaftsdatenbank GmbH, Freischützstraße 96, 81927 München, www.genios.de

Alle Rechte vorbehalten. Dieses Werk ist einschließlich aller seiner Teile – z.B. Texte, Tabellen und Grafiken - urheberrechtlich geschützt. Jede Verwertung außerhalb der Grenzen des Urheberrechtsgesetzes bedarf der vorherigen Zustimmung des Verlags. Dies gilt insbesondere auch für auszugsweise Nachdrucke, fotomechanische Vervielfältigungen (Fotokopie/Mikroskopie), Übersetzungen, Auswertungen durch Datenbanken oder ähnliche Einrichtungen und die Einspeicherung und Verarbeitung in elektronischen Systemen.